BEAUDET

INCISIF !

Catalogage avant publication de Bibliothèque et Archives du Canada

Beaudet, Marc

    Marc Beaudet incisif! : caricatures

    (Collection Essais)

    ISBN 2-7640-0446-X

    1. Caricatures et dessins humoristiques – Québec (Province). 2. Humour par l'image québécois. 3. Canada – Politique et gouvernement – 1993-   – Caricatures et dessins humoristiques. 4. Québec (Province) – Politique et gouvernement – 2003-   – Caricatures et dessins humoristiques. I. Titre.

NC1449.B337A4 2005   741.5'971   C2005-941501-0

LES ÉDITIONS QUEBECOR
Une division de Éditions Quebecor Média inc.
7, chemin Bates
Outremont (Québec)
H2V 4V7
Tél.: (514) 270-1746
www.quebecoreditions.com

©2005, Les Éditions Quebecor
Bibliothèque et Archives Canada

Éditeur : Jacques Simard
Conception de la couverture : Bernard Langlois et Marc Beaudet
Photo de l'auteur : Marie-Claude Beaudet
Maquette intérieure et infographie : Jocelyn Malette et Claude Bergeron

Nous reconnaissons l'aide financière du gouvernement du Canada par l'entremise du Programme d'aide au développement de l'Industrie de l'édition (PADIÉ) pour nos activités d'édition.

Gouvernement du Québec — Programme de crédit d'impôt pour l'édition de livres — Gestion SODEC.

BEAUDET

INCISIF !

LES ÉDITIONS
Quebecor
QUEBECOR MEDIA

SOMMAIRE

PRÉFACE

Lorsque deux gros gars tatoués avec des battes de baseball sont arrivés au bureau pour nous « suggérer » d'écrire la préface du livre de Marc Beaudet, notre réaction a été instantanée : dès qu'on finit de ramasser nos dents, on se met à l'ouvrage ! On se serait volontiers contentés de photos compromettantes, mais elles étaient déjà sur Internet ! Au moins, dès que l'éditeur aura reçu ce texte, nos proches parents nous seront peut-être retournés sans qu'on doive payer une rançon... Ben non ! Trêve d'idiotie, c'est un grand honneur et nous acceptons avec joie !

Bref, comment décrire l'humour de Beaudet ? Des gags bien punchés et toujours à propos ne suffisent pas à Marc, il cherche *le* gag ! Et quand Beaudet cherche son *gag*, il le trouve ! De quoi rendre jaloux le plus imaginatif des scripteurs et faire rager l'humoriste à l'esprit le plus observateur ! Ses caricatures se démarquent, font rire, dérangent parfois les puissants de ce monde. Parfait ! Que ce soit à travers les frasques étalées au grand jour par la commission Gomery, l'omniprésence de la téléréalité et la pénible année traversée par le gouvernement Charest, Beaudet vise droit dans le mille !

Eh bien, justement, qu'en est-il de la bête en question ? Pour faire mouche à tout coup et nous offrir chaque matin le punch de la journée, ça prend certainement un déséquilibré notoire, un artiste aux fétiches bizarres, un dépravé qui vend ses dessins sur le marché noir pour se payer sa dose ! Non. Autant vous rassurer tout de suite, Marc ne souffre d'aucune dépendance... sauf une et elle est majeure ! Il dévore les informations : que ce soit en s'abreuvant à même ses contacts au *Journal*, en écoutant la radio ou étant branché en permanence sur tous les bulletins de nouvelles !

Mais au-delà de prendre son *buzz* grâce à l'univers journalistique, comment réussit-il autant à trouver *la* nouvelle qui saura toucher une population en entier ? Facile : Marc observe sans arrêt. Qu'il soit dans un resto ou un café, ou encore en train de déguster quelques (sic) bières avec des humoristes peu recommandables (re-sic)... il est à l'affût ! Le serveur râle sur le prix de l'essence, deux demoiselles attablées parlent abondamment du dernier éliminé d'*Occupation double*, le chauffeur de taxi n'en revient pas de l'état des rues qui semblent lui rappeler Beyrouth... Beaudet ne perd pas un mot : si tout le monde en parle, c'est que ça les préoccupe; si ça les préoccupe, c'est qu'ils ont besoin d'en rire !

Dans l'univers des caricaturistes, notre homme est un jeune loup qui marque déjà la cadence. On s'ajuste à son style, à la vivacité d'esprit qu'il transpose dans son coup de crayon et, surtout, à son humour en tant que tel : le gag vient nous titiller la rétine... comme une tonne de briques ! Incisif, notre ami ? Oui, mais avant tout explosif !

Si, à travers ce livre, vous apprenez à connaître le talent de Beaudet, il n'y a aucun doute que, tout comme nous, vous apprécierez ses caricatures comme on déguste une bonne omelette : encore toutes chaudes et bien baveuses ! Bonne lecture !

P.-S. – Il manque huit mots pour terminer la préface. OK, c'est beau. Maudit, là c'est trop long !

Marc-Antoine Audette et Sébastien Trudel
Les Justiciers Masqués

Le juge Gomery reste en selle...

Commission Gomery
ET LÀ, C'ÉTAIT LA 666e FOIS QUE JE DISAIS "M'EN SOUVIENS PAS..."
HA HA HA...
HA HA HA!
BEAUDET 2005

Le trou de mémoire de Jacques Corriveau

Commission Gomery: Jacques Corriveau s'est fait brasser

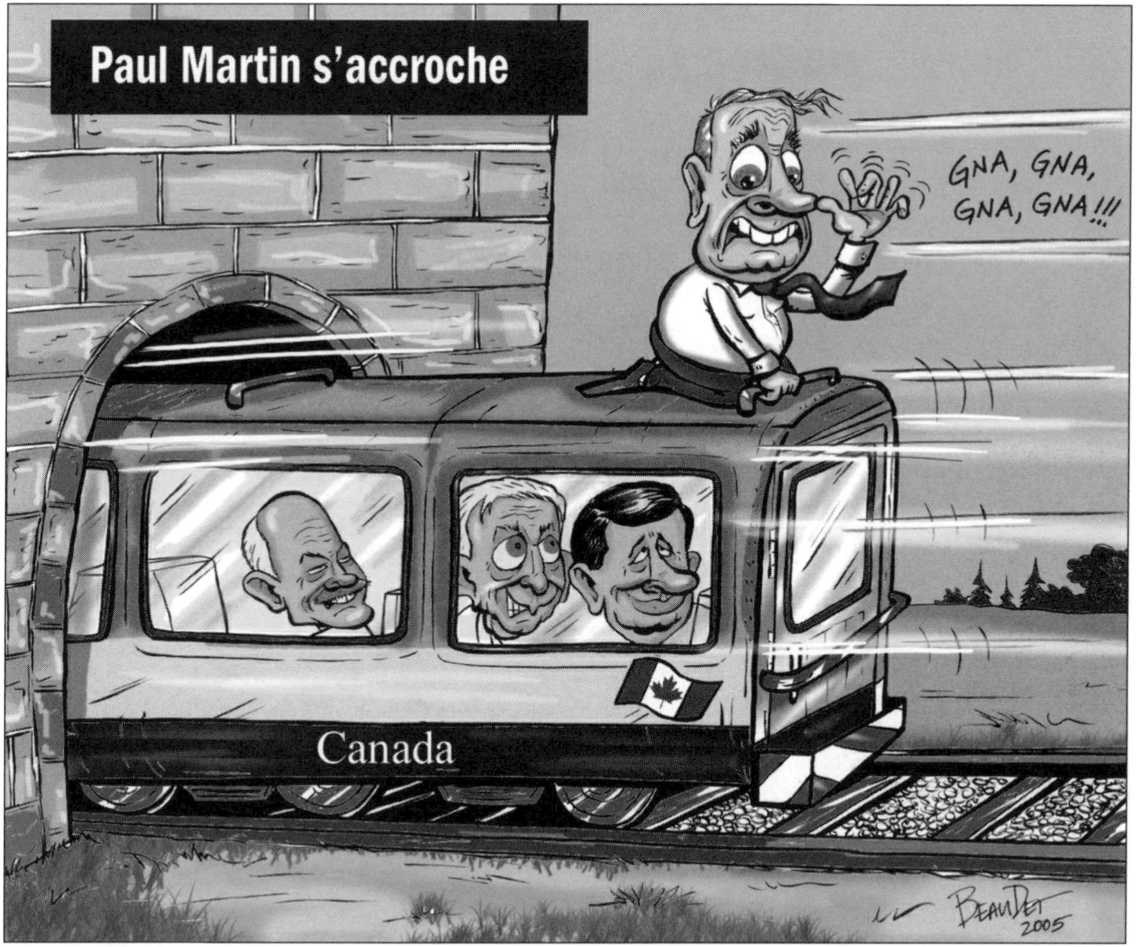
Paul Martin s'accroche
GNA, GNA, GNA, GNA!!!
Canada
BEAUDET 2005

Stephen Harper prône l'image traditionnelle du mariage

ON PEUT Y ARRANGER ÇA...

60

Carolyn Parrish expulsée du caucus libéral

Chrétiengizer

Bœuf canadien au menu du souper en l'honneur de Bush

67

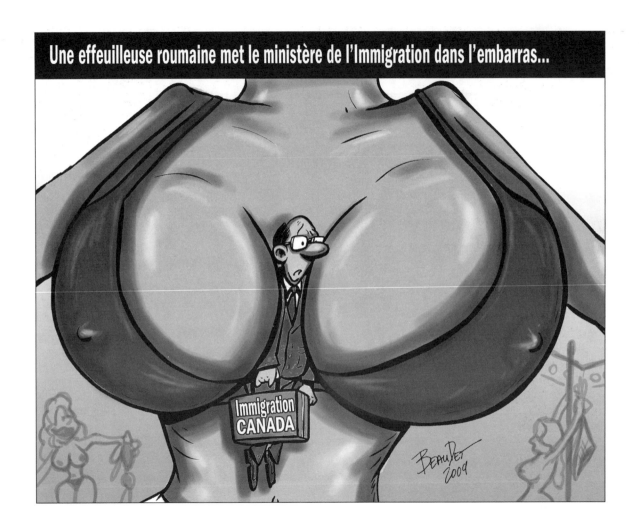

74

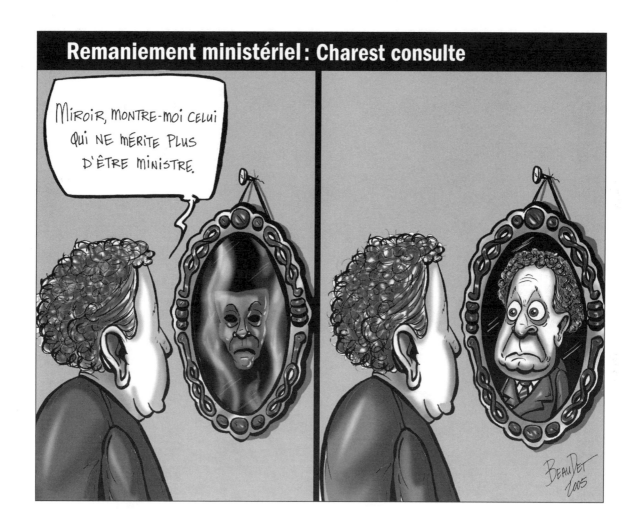

La discipline scolaire... d'hier à aujourd'hui

Promesses de baisses d'impôts

La baisse d'impôts réelle

Chagnon fait du recrutement pour la sécurité des barrages d'Hydro...

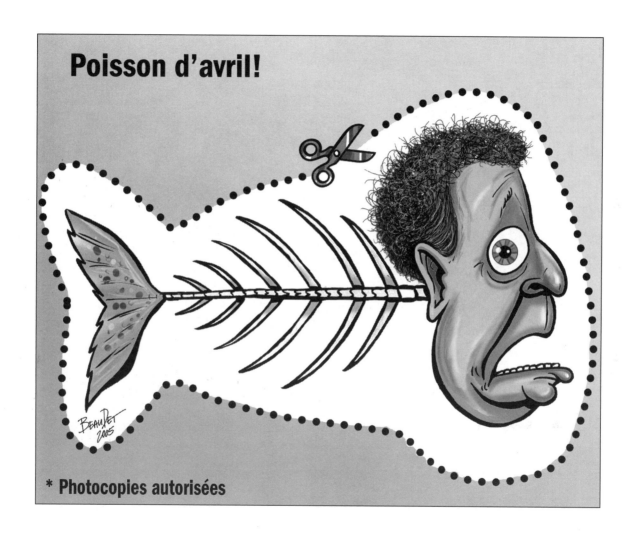

95

Jouez à «Où est Charest en Haïti».

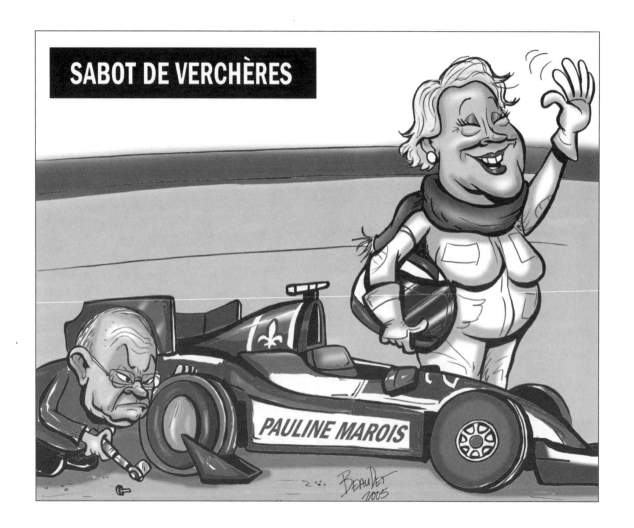

La route des vacances au Québec…

109

Kanesatake: Steven Bonspille devient le Grand Chef de bande

114

Le syndicat de la SAQ s'affilie à la CSN

124

Élections complémentaires:
L'ADQ RIDICULISE LES LIBÉRAUX DANS VANIER

129

Yves Michaud rêve d'une course au leadership au PQ

134

Convention républicaine: Bush comparé à Churchill

139

142

Le nouveau bras droit de Georges W. Bush

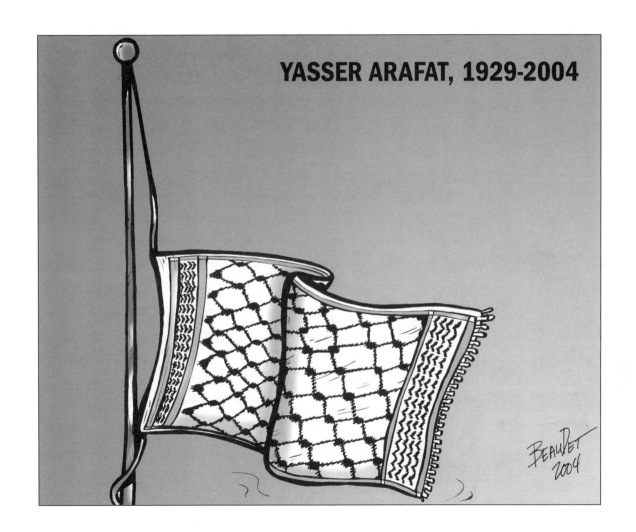

153

154

Londres, 7 juillet 2005, 8h51

BEAUDET
2004

174

177

VVVRR...

Une nuit dans un hôtel de Sherbrooke...

181

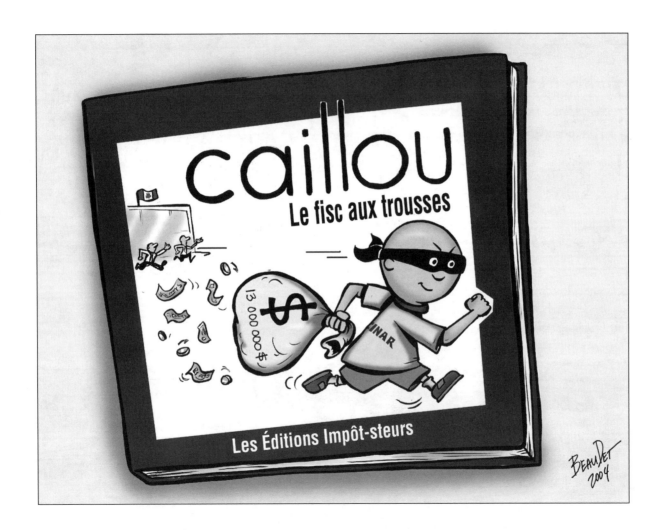

189

Bonhomme Carnaval veut se syndiquer

Procès du pédiatre Lussier: le juge ne l'a pas cru

200

204

213

Nima Mazhari
conjoint de
Myriam Bédard
Vol de tableaux

218

Pour
conclure